LES FÉES

HISTORIETTES NAÏVES ET ENFANTINES

RACONTÉES PAR

CLAUDE PERRAULT

ÉDITION DE LUXE

ENTIÈREMENT REFONDUE ET ORNÉE DE HUIT FEUILLES A QUATRE DESSINS

TIRÉES SÉPARÉMENT ET A DEUX TEINTES.

LITHOGRAPHIE ARTISTIQUE DE LA LORRAINE

HAGUENTHAL, ÉDITEUR

A PONT-A-MOUSSON (MEURTHE).

PONT-A-MOUSSON, TYP. TOUSSAINT.

LA BELLE AU BOIS DORMANT

ON EÛT DIT UN ANGE,
TANT ELLE ÉTAIT BELLE !

QUE FAITES VOUS LA MA BONNE FEMME ?
JE FILE MA BELLE ENFANT.

J'AI OUÏ DIRE À MON PÈRE QUE DANS CE CHATEAU,
IL Y AVAIT UNE PRINCESSE ....

LA PRINCESSE S'ÉTANT RÉVEILLÉE,
EST CE VOUS MON PRINCE ? DIT ELLE.

LA BELLE AU BOIS DORMANT.

CONTE.

L y avait une fois un roi et une reine si fâchés de n'avoir point d'enfant, si fâchés qu'on ne saurait le dire. Ils allèrent à toutes les eaux du monde : vœux, pélerinages, rien n'y faisait. Enfin la reine eut une fille, on fit un beau baptême ; on donna pour marraines à la petite princesse toutes les Fées du pays (il s'en trouva sept), afin que chacune d'elles lui faisant un don, elle eût toutes les perfections imaginables. Après le baptême, la compagnie revint au palais, où il y avait un festin pour les Fées ; on mit devant chacune d'elles un riche couvert, avec un étui d'or massif, où il y avait une cuillère, une fourchette et un couteau, garnis de diamants et de rubis. Mais, comme chacun se plaçait, on vit entrer une vieille Fée qu'on n'avait point invitée, parce que depuis plus de cinquante ans, on la croyait morte ou enchantée. Le roi lui fit donner un couvert, mais elle n'eut pas d'étui d'or massif, parce que l'on n'en avait fait que sept pour les sept Fées. La vieille crut qu'on la méprisait, et grommela quelques menaces entre ses dents. Une des jeunes Fées l'entendit et jugeant qu'elle pourrait donner quelque fâcheux don à la princesse, alla, dès qu'on fut sorti de table, se cacher derrière la tapisserie, afin de parler la dernière et de pouvoir réparer le mal que la vieille aurait fait. Cependant les Fées commencèrent à faire leur don à la princesse. La plus jeune lui donna pour don qu'elle serait la plus belle personne du monde ; celle d'après, qu'elle aurait de l'esprit comme un ange ; la troisième, qu'elle aurait une grâce admirable à tout ce qu'elle ferait ; la quatrième, qu'elle danserait parfaitement ; la cinquième, qu'elle chanterait comme un rossignol ; et la sixième, qu'elle jouerait de toutes sortes d'instruments dans la dernière perfection. Le rang de la vieille Fée étant venu, elle dit en branlant la tête, plus de dépit que de vieillesse, que la princesse se percerait la main d'un fuseau et qu'elle en mourrait. Ce terrible don fit frémir tout le monde. Dans ce moment, la jeune Fée parut et dit tout haut ces paroles : Rassurez-vous, roi et reine, si je n'ai pas la puissance de défaire entièrement ce qu'a arrêté mon ancienne, je puis du moins empêcher que la princesse, en se perçant la main, ne meurt de sa blessure : elle tombera dans un profond sommeil, qui durera cent ans, au bout desquels un prince la réveillera. Le roi, pour éviter le malheur annoncé par la vieille, fit publier un édit par lequel il défendait de filer au fuseau ni d'en avoir chez soi, sous peine de la vie.

Au bout de seize ans, le roi et la reine étant allés à un de leurs châteaux, la jeune princesse montant un jour de chambre en chambre, arriva jusqu'au haut d'un donjon, où une bonne vieille était seule à filer sa quenouille.

Cette femme n'avait point ouï parler des défenses de filer au fuseau. Que faites-vous là, ma bonne femme ? dit la princesse. — Je file, ma belle enfant, lui répondit la vieille, qui ne la connaissait pas. Ah ! que cela est joli ! comment faites-vous ? Donnez que je voie si j'en ferais bien autant. Elle n'eut pas plutôt pris le fuseau qu'elle s'en perça la main et tomba évanouie. La bonne vieille, crie au secours ; on vient de tous côtés, on délace la princesse, mais rien ne la faisait revenir. Le roi, se souvenant de la prédiction des Fées, fit mettre la princesse sur un lit en broderies d'or et d'argent ; on eût dit un ange, tant elle était belle, car son évanouissement n'avait point ôté les couleurs de son teint ; elle avait seulement les yeux fermés et respirait doucement, ce qui faisait voir qu'elle n'était pas morte.

La bonne Fée qui lui avait sauvé la vie, était dans le royaume de Mataquin, à douze mille lieues de là, lorsque l'accident arriva ; on la vit cependant au bout d'une heure arriver dans un chariot de feu, traîné par des dragons. Le roi alla lui présenter la main à la descente du chariot. Elle approuva tout ce qu'il avait fait ; mais par prévoyance, pour que la princesse en se réveillant ne soit pas embarrassée, elle toucha de sa baguette tout ce qui était dans le château, hors le roi et la reine : Gouvernantes, filles d'honneur, femmes de chambre, gentilshommes, officiers, maîtres-d'hôtel, cuisiniers, marmitons, gardes, pages, valets, jusqu'à la petite Pouffe, petite chienne de la princesse : ils s'endormirent tous, pour ne se réveiller qu'avec leur maîtresse. Les broches mêmes, garnies de perdrix et de faisans, s'endormirent, et le feu suivit. Alors le roi et la reine, après avoir baisé leur chère enfant, sans qu'elle s'éveillât, sortirent du château, autour duquel, en moins d'un quart d'heure, il crût une si grande quantité d'arbres, de ronces et d'épines entrelacées, que bêtes ni hommes, n'y auraient pu passer ; de sorte qu'on ne voyait plus que de bien loin, le haut des tours du château.

Au bout de cent ans, un prince, fils du roi qui régnait alors, et qui était d'une autre famille que la princesse endormie, étant allé à la chasse de ce côté, demanda ce que c'était que ces tours qu'il voyait au-dessus d'un grand bois fort épais. Chacun lui répondit selon qu'il en avait ouï parler : les uns disaient que c'était un vieux château où il revenait des esprits ; les autres, que tous les sorciers de la contrée y faisaient leur sabbat.

La plus commune opinion était qu'un ogre y demeurait, et que là, il emportait tous les enfants qu'il pouvait attraper. Le prince ne savait qu'en croire, lorsqu'un vieux paysan prit la parole et dit : Mon prince, il y a plus de cinquante ans que j'ai ouï dire à mon père qu'il y avait dans ce château une princesse, la plus belle qu'on eût su voir ; qu'elle y devait dormir cent ans, et qu'elle serait réveillée par le fils d'un roi à qui elle était réservée.

Le jeune prince, à ce discours, se sentit tout de feu ; et, poussé par la gloire, il résolut d'éclaircir ce mystère. A peine s'avança-t-il vers le bois, que tous ces grands arbres, ces ronces et ces épines s'écartèrent d'eux-mêmes. Il marcha vers le château ; et, ce qui le surprit un peu, c'est qu'aucun de ses gens n'avait pu le suivre ; parce que les arbres s'étaient rapprochés dès qu'il avait été passé. Il n'en continua pas moins son chemin, et entra dans une avant-cour, où tout ce qu'il vit était capable de le glacer de crainte. C'était un silence affreux ; et ce n'était que des corps étendus d'hommes et d'animaux. Il reconnut pourtant bien aux nez bourgeonnés et à la face vermeille des suisses qu'ils n'étaient qu'endormis, et leurs verres, où il y avait encore du vin, montraient qu'ils s'étaient endormis en buvant. Il monte enfin l'escalier, entre dans la salle des gardes qui étaient rangés en haie, la carabine sur l'épaule et ronflant de leur mieux. Il traverse plusieurs chambres pleines de gentilshommes, dormant tous, debout ou assis. Il entre dans une chambre toute dorée, et voit, sur un lit, le plus beau spectacle qu'il eût jamais vu ; une princesse paraissant avoir seize ans, dont l'éclat resplendissant avait quelque chose de divin. Il s'approcha en tremblant et s'agenouilla auprès d'elle. Alors, comme la fin de l'enchantement était venue, la princesse s'éveilla et le regardant avec tendresse : « Est-ce vous mon prince ? dit-elle ; vous vous êtes bien fait attendre. » Le prince, charmé de ces paroles, ne savait comment lui témoigner sa joie et sa reconnaissance : il l'assura qu'il l'aimait plus que lui-même. Ses discours furent assez mal rangés ; il était plus embarrassé qu'elle, qui avait eu le temps de songer à ce qu'elle aurait à lui dire.

Cependant tout le palais s'était réveillé et comme ils n'étaient pas tous amoureux, ils mouraient de faim. La dame d'honneur, pressée comme les autres, s'impatienta, et dit tout haut à la princesse que la viande était servie. Le prince aida la princesse à se relever, car elle était toute habillée, et fort magnifiquement. Ils passèrent dans un salon de miroirs, y soupèrent, servis par les officiers de la princesse, et après le repas, le grand aumônier les maria dans la chapelle du château. Ils dormirent peu : la princesse n'en avait pas grand besoin ; et le prince la quitta dès le matin pour retourner chez son père, auquel il dit qu'en chassant, il s'était perdu dans la forêt et qu'il avait couché dans la hutte d'un charbonnier. Le roi le crut ; mais sa mère n'en fut pas bien persuadée, et voyant qu'il allait presque tous les jours à la chasse, et couchait souvent dehors, elle ne douta plus qu'il n'eût quelque amourette, car il vécut avec la princesse plus de deux ans, et en eut deux enfants, un garçon et une fille ; la petite fille fut nommée *Aurore*, tandis que le garçon fut appelé *Jour*, parce qu'il était encore plus beau que sa sœur.

La reine chercha plusieurs fois à faire parler son fils, mais il n'osa jamais lui confier son secret : quoiqu'il l'aimât, il l'a craignait, car elle était de race ogresse, et le roi ne l'avait épousée qu'à cause de ses grands biens. On disait même tout bas à la cour qu'en voyant passer des enfants, elle avait toutes les peines du monde à se retenir de se jeter sur eux. Au bout de deux ans, le roi mourut, le prince se voyant le maître, déclara publiquement son mariage, et alla, en grande cérémonie, quérir la reine sa femme dans son château. On lui fit une entrée magnifique dans la capitale, où elle arriva entre ses deux beaux enfants. Quelque temps après, le roi alla faire la guerre à l'empereur Cantalabutte, son voisin. Il laissa la régence du royaume à la reine sa mère, et lui recommanda fort sa femme et ses enfants. Dès qu'il fut parti, la reine-mère envoya sa bru et ses enfants à une maison de campagne dans le bois, pour pouvoir plus aisément assouvir son horrible envie. Elle y alla quelques jours après, et dit un soir à son maître-d'hôtel : Je veux manger demain à mon dîner la petite Aurore. Ah ! Madame, dit le maître-d'hôtel. Je le veux, dit la reine (et elle le dit d'un ton d'Ogresse qui a envie de manger de la chair fraîche), et je veux la manger à la sauce Robert. Ce pauvre homme prit son grand couteau et monta à la chambre de la petite Aurore : elle avait pour lors quatre ans, et vint en sautant se jeter à son cou et lui demander du bonbon. Il se mit à pleurer ; le couteau lui tomba des mains et il alla dans la basse-cour couper la gorge à un petit agneau, et lui fit une si bonne sauce que sa maîtresse l'assura qu'elle n'avait rien mangé de si bon. Il avait emporté en même temps la petite Aurore, et l'avait donnée à sa femme, pour la cacher dans le logement qu'elle avait au fond de la basse-cour. Huit jours après, la méchante reine dit à son maître-d'hôtel : Je veux manger à mon souper le petit Jour. Il ne répliqua pas, et résolut de la tromper comme l'autre fois. Il alla chercher le petit Jour, et le trouva avec un petit fleuret à la main, dont il faisait des armes avec un gros singe : il n'avait pourtant que trois ans. Il le porta à sa femme, qui le cacha avec la petite Aurore, et donna à la place du petit Jour, un petit chevreau fort tendre que l'Ogresse trouva excellent.

Cela était fort bien allé jusque-là, mais un soir, cette méchante reine dit au maître-d'hôtel : Je veux manger la reine à la même sauce que ses enfants. Ce fut alors que le pauvre maître-d'hôtel désespéra de la pouvoir encore tromper. La jeune reine avait vingt ans passés, sans compter les cent ans qu'elle avait dormi : sa peau était un peu dure, et le moyen de trouver une bête aussi dure que cela ! Il prit la résolution, pour sauver sa vie, de couper la gorge à la reine, et monta dans sa chambre, dans l'intention de n'en pas faire à deux fois. Il s'excitait à la fureur, et entra le poignard à la main dans la chambre de la jeune reine. Il ne voulut pourtant point la surprendre, et lui dit avec beaucoup de respect l'ordre qu'il avait reçu de la reine-mère. Faites, faites, lui dit-elle, en lui tendant son cou, exécutez l'ordre qu'on vous a donné, j'irai revoir mes enfants, mes pauvres enfants que j'ai tant aimés ! Elle les croyait morts depuis qu'on les avait enlevés sans lui rien dire. Non, non, Madame, lui répondit le pauvre maître-d'hôtel tout attendri, vous ne mourrez point, et vous ne laisserez pas d'aller revoir vos enfants ; mais ce sera chez moi, où je les ai cachés, et je tromperai encore la reine, en lui faisant manger une jeune biche en votre place. Il la mena aussitôt à sa chambre, où, la laissant embrasser ses enfants et pleurer avec eux, il alla accommoder une biche que la reine mangea à son souper, avec le même appétit que si c'eût été la jeune reine. Elle était bien contente de sa cruauté, et elle se préparait de dire au roi, à son retour, que les loups enragés avaient mangé la reine sa femme et ses deux enfants. Un soir qu'elle rôdait à son ordinaire dans les cours et basses-cours du château, pour y sentir quelque viande fraîche, elle entendit dans une salle basse le petit Jour qui pleurait; la reine sa mère le voulant fouetter, parce qu'il avait été méchant; et elle entendit aussi la petite Aurore qui demandait pardon pour son frère. L'Ogresse reconnut la voix de la reine et de ses enfants, et furieuse d'avoir été trompée, elle commanda dès le lendemain qu'on apportât au milieu de la cour, une grande cuve qu'elle fit remplir de crapauds, de vipères, de couleuvres et de serpents, pour y faire jeter la reine et ses enfants, le maître-d'hôtel, sa femme et sa servante; elle avait donné l'ordre de les amener les mains liées sur le dos. Ils étaient là, et les bourreaux se préparaient à les jeter dans la cuve, lorsque le roi qu'on n'attendait pas sitôt, entra à cheval dans la cour : il était venu en poste, et demanda tout étonné, ce que voulait dire cet horrible spectacle. Personne n'osait l'en instruire. Quand l'Ogresse, enragée de voir ce qui se passait, se jeta elle-même la tête la première, dans la cuve, et fut dévorée en un instant par les vilaines bêtes qu'elle y avait fait mettre. Le roi ne laissa pas d'en être fâché; elle était sa mère; mais il s'en consola bientôt avec sa belle femme et ses enfants.

LE PETIT CHAPERON-ROUGE.

CONTE.

L était une fois une petite fille de village, la plus jolie qu'on eût su voir : sa mère en était folle et sa mère-grand plus folle encore. Cette bonne femme lui fit faire un joli chapeau rouge qui lui allait si bien, que partout on l'appelait le petit Chaperon-Rouge.

Un jour sa mère, ayant fait des galettes, lui dit : Va voir comment se porte ta mère-grand, car on m'a dit qu'elle était malade, porte-lui une galette et ce petit pot de beurre. Le petit Chaperon-Rouge partit aussitôt pour aller chez sa mère-grand, qui demeurait dans un autre village. En passant dans un bois elle rencontra compère le Loup, qui eut bien envie de la manger; mais il n'osa à cause de quelques bûcherons qui étaient dans la forêt. Il lui demanda où elle allait. La pauvre enfant, qui ne savait pas qu'il était dangereux de s'arrêter à écouter un loup, lui dit : Je vais voir ma mère-grand, et lui porter une galette avec un petit pot de beurre que ma mère lui envoie. — Demeure-t-elle bien loin? lui dit le loup. — Oh! oui, répondit le petit Chaperon-Rouge; c'est par-delà le moulin que vous voyez tout là-bas, là-bas, à la première maison du village. — Eh bien! ajouta le loup, je veux l'aller voir aussi, je m'en y vais par ce chemin-ci, et toi par ce chemin-là, nous verrons à qui plus tôt y sera.

Le loup se mit à courir de toute sa force par le chemin qui était le plus court, et la petite fille s'en alla par le chemin le plus long, s'amusant à cueillir des noisettes et à faire des bouquets de petites fleurs. Le loup ar-

LE PETIT CHAPERON ROUGE

EN PASSANT DANS UN BOIS,   LE LOUP ARRIVA BIENTÔT À LA MAISON,
ELLE RENCONTRA COMPÈRE LE LOUP.   IL HEURTA TOC, TOC.

TOC, TOC. - QUI EST LÀ ?   LE LOUP LUI DIT : METS LA GALETTE
- C'EST VOTRE FILLE LE PETIT CHAPERON-ROUGE.   ET LE PETIT POT DE BEURRE SUR LA HUCHE.

riva bientôt à la maison de la mère-grand, il heurta, toc, toc. — Qui est
là ? — C'est votre fille, le petit Chaperon-Rouge, dit le loup, en contre-
faisant sa voix, je vous apporte une galette et un petit pot de beurre que
ma mère vous envoie. La bonne mère-grand, qui était dans son lit, lui
cria : tire la chevillette, la bobinette cherra. Le loup tira la chevillette
et la porte s'ouvrit. Il se jeta sur la bonne femme et la dévora en moins
de rien, car il y avait plus de trois jours qu'il n'avait mangé ; ensuite il
ferma la porte, et alla se coucher dans le lit de la mère-grand, en atten-
dant le petit Chaperon-Rouge qui, quelque temps après, vint heurter à la
porte. Toc, toc. — Qui est là ? Le petit Chaperon-Rouge, qui entendit la
grosse voix du loup, eut peur d'abord, mais croyant que sa mère-grand
était enrhumée, répondit : — C'est votre fille, le petit Chaperon-Rouge,
je vous apporte une galette et un petit pot de beurre que ma mère vous
envoie. Le loup lui cria en adoucissant la voix : Tire la chevillette, la bobinette cherra. Le petit Chaperon-Rouge tira la chevillette, et la porte
s'ouvrit.

Le loup la voyant entrer, lui dit en se cachant dans le lit, sous la cou-
verture : Mets la galette et le petit pot de beurre sur la huche, et viens
te coucher avec moi. Le petit Chaperon se déshabille, et va se mettre
dans le lit, où la petite fut bien étonnée de voir comment sa mère-grand
était faite en son déshabillé. Elle lui dit : Ma mère-grand, que vous avez
de grand bras ! — C'est pour mieux t'embrasser, ma fille. — Ma mère-
grand, que vous avez de grandes jambes ! — C'est pour mieux courir,
mon enfant. — Ma mère-grand, que vous avez de grandes oreilles ! —
C'est pour mieux écouter, mon enfant. — Ma mère-grand, que vous avez
de grands yeux ! — C'est pour mieux voir, mon enfant. — Ma mère-grand,
que vous avez de grandes dents. — C'est pour mieux te manger ; et en disant ces mots, le méchant loup se jeta sur le petit Chaperon-Rouge, et le
mangea.

LA BARBE-BLEUE.

CONTE.

L était une fois un homme qui avait de belles maisons, de la vaisselle d'or et d'argent, des meubles en broderies et des carrosses tout dorés; mais, par malheur cet homme avait la barbe bleue; cela le rendait si laid et si terrible, qu'il n'était ni femme ni fille qui ne s'enfuient de devant lui.

Une de ses voisines, dame de qualité, avait deux filles parfaitement belles. Il lui en demanda une en mariage en lui laissant le choix de celle qu'elle voudrait lui donner. Elles n'en voulurent point toutes deux et se le renvoyèrent l'une à l'autre, ne pouvant se résoudre à prendre un homme qui eût la barbe bleue. Ce qui les dégoûtait encore, c'est qu'il avait déjà épousé plusieurs femmes, et qu'on ne savait ce que ces femmes étaient devenues.

La Barbe-Bleue, pour faire connaissance, les mena avec leur mère, quelques-unes de leurs amies et trois ou quatre jeunes gens du voisinage, à une de ses maisons de campagne, où on demeura huit jours entiers. Ce n'était que promenades, que parties de chasse et de pêche, que festins ou collations : on ne dormait point, et on passait les nuits au bal : enfin tout alla si bien, que la cadette commença à trouver que le maître du logis n'avait plus la barbe si bleue, et que c'était un fort honnête homme; aussi dès qu'on fut de retour à la ville, le mariage se conclut.

Au bout d'un mois, la Barbe-Bleue dit à sa femme qu'il était obligé de faire un voyage en province, de six semaines au moins, pour une affaire

LA BARBE-BLEUE

LECTURE DU CONTE
DE LA BARBE-BLEUE

LA BARBE-BLEUE DEMANDE A SA VOISINE
UNE DE SES FILLES EN MARIAGE

LA FEMME DE BARBE-BLEUE OUVRE EN TREMBLANT
LA PORTE DU CABINET

IL FAIT MOURIR, MADAME,
— ET TOUT À L'HEURE!

de conséquence ; qu'il la priait de se divertir pendant son absence ; qu'elle fît venir ses bonnes amies, qu'elle les menât à la campagne si elle voulait et que partout elle fît bonne chère.

« Voilà, lui dit-il, les clefs des deux grands gardes-meubles ; voilà celle de la vaisselle d'or et d'argent qui ne sert pas tous les jours ; voilà celle de mes coffres-forts où sont mon or et mon argent ; la clef de mes cassettes où sont mes pierreries ; et voilà le passe-partout de tous les appartements. Pour cette petite clef-ci, c'est la clef du cabinet au bout de la grande galerie de l'appartement bas : ouvrez tout, allez partout ; mais pour ce petit cabinet, je vous défends d'y entrer, et je vous le défends de telle sorte, que s'il vous arrive de l'ouvrir, il n'y a rien que vous ne deviez attendre de ma colère.

Elle promit d'observer exactement tout ce qui lui venait d'être ordonné ; et lui, après l'avoir embrassée, monta dans son carrosse et partit pour son voyage. Les voisines et les bonnes amies n'attendirent pas qu'on les envoyât quérir pour aller chez la jeune mariée, tant elles avaient d'impatience de voir toutes les richesses de sa maison, n'ayant osé y venir pendant que le mari y était, à cause de sa barbe bleue qui leur faisait peur. Les voilà aussitôt, parcourant les cabinets, les chambres et les garde-robes toutes plus belles les unes que les autres. Elles montèrent ensuite aux garde-meubles où elles ne pouvaient assez admirer le nombre et la beauté des tapisseries, des lits, des sophas, des guéridons, des tables et des miroirs où l'on se voyait depuis les pieds jusqu'à la tête et dont les bordures, les unes de glaces, les autres d'argent ou de vermeil, étaient les plus belles et les plus magnifiques qu'on eût jamais vues ; elles ne cessaient d'exagérer et d'envier le bonheur de leur amie, qui ne se divertissait point à voir tant de richesses, à cause de l'impatience qu'elle avait d'ouvrir le cabinet de l'appartement bas. Elle fut si pressée de sa curiosité, que, sans considérer qu'il était malhonnête de quitter la compagnie, elle descendit par l'escalier dérobé et avec tant de précipitation, qu'elle pensa se rompre le cou deux ou trois fois. Étant arrivée à la porte du cabinet, elle s'y arrêta et songea à la défense que son mari lui avait faite, considérant qu'il pourrait lui arriver malheur si elle désobéissait ; mais la tentation était si forte qu'elle ne put la surmonter : elle prit donc la petite clef et ouvrit en tremblant la porte du cabinet.

D'abord elle ne vit rien parce que les fenêtres étaient fermées : après quelques moments, elle commença à voir que le plancher était tout couvert de sang caillé, dans lequel se miraient les corps de plusieurs femmes mortes et attachées le long des murs ; c'étaient toutes les femmes que la Barbe-Bleue avaient épousées et qu'il avait ensuite égorgées. Elle pensa mourir de peur, et la clef qu'elle venait de retirer de la serrure, lui tomba de la main. Après avoir repris ses sens, elle ramassa la clef, referma la porte et monta à sa chambre pour se remettre un peu ; mais elle n'en put venir à bout tant elle était émue. Ayant remarqué que la clef du cabinet était tachée de sang, elle l'essuya ; mais le sang ne s'en allait point ; elle eût beau la laver, et même la frotter avec du sable et du grès, il y demeura toujours du sang, car la clef était Fée, et il n'y avait pas moyen de la nettoyer : quand on ôtait le sang d'un côté, il revenait de l'autre.

La Barbe-Bleue revint de son voyage dès le soir même, disant qu'il avait reçu dans le chemin des lettres qui lui avaient appris que l'affaire pour laquelle il était parti, venait d'être terminée à son avantage. Sa femme fit tout ce qu'elle put pour lui témoigner qu'elle était ravie de son prompt retour. Le lendemain, il lui redemanda les clefs, et elle les lui donna, mais d'une main si tremblante, qu'il devina sans peine tout ce qui s'était passé.

D'où vient, lui dit-il, que la clef du cabinet n'est point avec les autres !

— Il faut, dit-elle, que je l'aie laissée là-haut sur ma table.

— Ne manquez pas, dit la Barbe-Bleue, de me la donner tantôt. Après plusieurs remises, il fallut apporter la clef. La Barbe-Bleue l'ayant considérée, dit à sa femme : Pourquoi y a-t-il du sang sur cette clef ?

— Je n'en sais rien, répondit la pauvre femme, plus pâle que la mort.

— Vous n'en savez rien ? reprit la Barbe-Bleue : je le sais bien, moi ;

vous avez voulu entrer dans le cabinet. Eh bien, Madame, vous y entrerez, et irez prendre votre place auprès des dames que vous y avez vues. Elle se jeta aux pieds de son mari, en pleurant et en lui demandant pardon avec toutes les marques d'un vrai repentir de n'avoir pas été obéissante. Elle aurait attendri un rocher, belle et affligée comme elle était: mais la Barbe-Bleue avait un cœur plus dur qu'un rocher. Il faut mourir, Madame, lui dit-il, et tout à l'heure.

— Puisqu'il faut mourir, répondit-elle en le regardant les yeux baignés de larmes, donnez-moi un peu de temps pour prier Dieu.

— Je vous donne un demi-quart d'heure, reprit la Barbe-Bleue, mais pas un moment davantage. Lorsqu'elle fut seule, elle appela sa sœur, et lui dit : Ma sœur Anne, car elle s'appelait ainsi, monte, je te prie, sur le haut de la tour, pour voir si mes frères ne viennent pas : ils m'ont promis qu'ils me viendraient voir aujourd'hui ; et si tu les vois, fais-leur signe de se hâter. La sœur Anne monta sur le haut de la tour, et la pauvre affligée lui criait de temps en temps : Anne, ma sœur Anne, ne vois-tu rien venir ? Et la sœur Anne lui répondait : Je ne vois rien que le soleil qui poudroie et l'herbe qui verdoie. Cependant la Barbe-Bleue, tenant un grand coutelas à la main, criait de toute sa force, descends vite ou je monterai là-haut !

— Encore un moment, s'il vous plaît, lui répondait sa femme. Et aussitôt elle criait tout bas : Anne, ma sœur Anne, ne vois-tu rien venir ? Et la sœur Anne répondait : Je ne vois rien que le soleil qui poudroie et l'herbe qui verdoie.

— Descends donc vite, criait la Barbe-Bleue, ou je monterai là-haut !

— Je m'en vais, répondit sa femme ; et puis elle criait : Anne, ma sœur Anne, ne vois-tu rien venir ?...

— Je vois, répondit la sœur Anne, une grosse poussière qui vient de ce côté-ci.

— Sont-ce mes frères ?

— Hélas ! non ma sœur, ce n'est qu'un troupeau de moutons.

— Ne veux-tu pas descendre? criait la Barbe-Bleue.

— Encore un petit moment, répondait sa femme, et puis elle criait : ma sœur Anne, ne vois-tu rien venir?

— Je vois, répondit-elle, deux cavaliers venant de ce côté; mais ils sont bien loin encore.

— Dieu soit loué, s'écria-t-elle, ce sont mes frères! Arriveront-ils à temps?

— Je leur fais signe tant que je puis de se hâter.

La Barbe-Bleue se mit à crier si fort que toute la maison en trembla.

La pauvre femme descendit et alla se jeter à ses pieds tout éplorée et tout échevelée. Ce ne sert de rien, lui dit la Barbe-Bleue, il faut mourir; puis la prenant d'une main par les cheveux, et de l'autre levant le coutelas en l'air, il allait lui abattre la tête. La pauvre femme se retournant vers lui, et le regardant avec des yeux mourants, lui demanda un petit moment pour se recueillir. — Non, non, dit-il, recommande-toi bien à Dieu : et levant son bras....... Dans ce moment on heurta si fort à la porte, que la Barbe-Bleue s'arrêta tout court; on ouvrit, et aussitôt on vit entrer deux cavaliers qui, mettant l'épée à la main, coururent droit à la Barbe-Bleue. Il reconnut que c'étaient les frères de sa femme, l'un Dragon et l'autre Mousquetaire : craignant leur vengeance, il s'enfuit aussitôt; mais les deux frères le poursuivirent de si près, qu'ils l'attrapèrent avant qu'il pût gagner le perron. Ils lui passèrent leur épée au travers du corps et le laissèrent mort.

La pauvre femme était presque aussi morte que son mari, et n'avait pas la force de se lever pour embrasser ses frères. Il se trouva que la Barbe-Bleue n'avait point d'héritiers, et que sa femme demeura maîtresse de tous ses biens. Elle en employa une partie à marier sa bonne sœur Anne avec un gentilhomme dont elle était aimée depuis longtemps; une autre partie à acheter des charges de capitaine à ses deux frères, et le reste à se marier elle-même à un fort honnête homme, qui lui fit oublier le mauvais temps qu'elle avait passé avec la Barbe-Bleue.

CENDRILLON

LORSQU'ELLE AVAIT FINI SON OUVRAGE, ELLE ALLAIT S'ASSEOIR DANS LES CENDRES.

TU VOUDRAIS BIEN ALLER AU BAL, N'EST-CE-PAS ? HÉLAS! OUI, DIT CENDRILLON.

LE FILS DU ROI LA MIT À LA PLACE LA PLUS HONORABLE ET LA PRIT ENSUITE POUR LA MENER DANSER.

LE GENTILHOMME AYANT APPROCHÉ LA PANTOUFLE DE SON PETIT PIED LY FIT ENTRER SANS PEINE.

CENDRILLON.

CONTE.

—

L était une fois un gentilhomme qui épousa en secondes noces une femme la plus hautaine et la plus fière qu'on eût jamais vue. Elle avait deux filles de son humeur, et qui lui ressemblaient en toutes choses. Le mari avait de son côté une jeune fille, mais d'une douceur et d'une beauté sans exemple; elle tenait cela de sa mère qui était la meilleure personne du monde. Les noces ne furent pas plutôt faites, que la belle-mère fit éclater sa mauvaise humeur : elle ne put souffrir les bonnes qualités de cette jeune enfant, qui rendaient ses filles encore plus haïssables. Elle la chargea des plus viles occupations de la maison : c'était elle qui nettoyait la vaisselle et les montées, qui frottait la chambre de madame et celles de mesdemoiselles ses filles; elle couchait tout au haut de la maison, dans un grenier, sur une méchante paillasse, pendant que ses sœurs étaient dans des chambres parquetées, où elles avaient des lits des plus à la mode, et des miroirs où elles se voyaient depuis les pieds jusqu'à la tête. La pauvre fille souffrait tout avec patience, et n'osait se plaindre à son père, qui l'aurait grondée, parce que sa femme le gouvernait entièrement. Lorsqu'elle avait fait son ouvrage, elle s'allait mettre au coin de la cheminée et s'asseoir dans les cendres, ce qui faisait qu'on l'appelait communément, dans le logis, Cucendron. La cadette, qui n'était pas si malhonnête que

son aînée, l'appelait Cendrillon. Cependant Cendrillon avec ses méchants habits, ne laissait pas d'être cent fois plus belle que ses sœurs, quoique vêtues magnifiquement.

Il arriva que le fils du roi donna un bal auquel il admit toutes les personnes de qualité. Nos deux demoiselles y furent aussi invitées, car elles faisaient grande figure dans le pays. Les voilà bien aises et bien occupées à choisir les habits et les coiffures qui leur siéraient le mieux. Nouvelle peine pour Cendrillon ; car c'était elle qui repassait le linge de ses sœurs et qui godronnait leurs manchettes : On ne parlait que de la manière dont on s'habillerait. Moi, dit l'aînée, je mettrai mon habit de velours rouge et ma garniture d'Angleterre ; moi, dit la cadette, je n'aurai que ma jupe ordinaire, mais, en récompense, je mettrai mon manteau à fleurs d'or et ma barrière de diamants qui n'est pas des plus indifférentes. On envoya quérir la bonne coiffeuse, pour dresser les cornettes à deux rangs et on fit acheter des mouches de la bonne faiseuse. Elles appelèrent Cendrillon pour lui demander son avis ; car elle avait le goût bon. Cependant Cendrillon les conseilla le mieux du monde, et s'offrit même à les coiffer, ce qu'elles voulurent bien. En les coiffant, elles lui disaient : « Cendrillon serais-tu bien aise d'aller au bal ? »

— Hélas ! Mesdemoiselles ! vous vous moquez de moi ; ce n'est pas là ce qu'il me faut.

— Tu as raison ; on rirait bien si on voyait un Cucendron aller au bal. Une autre que Cendrillon les aurait coiffées de travers ; mais elle était si bonne ! elle les coiffa parfaitement bien. Elles furent près de deux jours sans manger, tant elles étaient transportées de joie. On rompit plus de douze lacets, à force de les serrer pour leur rendre la taille plus menue, et elles étaient toujours devant leur miroir.

Enfin l'heureux jour arriva ; on partit, et Cendrillon les suivit des yeux le plus longtemps qu'elle put. Lorsqu'elle ne les vit plus, elle se mit à pleurer. Sa marraine, qui la vit tout en pleurs, lui demanda ce qu'elle avait : Je voudrais bien.... je voudrais bien..... Elle pleurait si fort, qu'elle ne put achever. Sa marraine, qui était Fée, lui dit : Tu voudrais bien aller au bal, n'est-ce pas ? — Hélas ! oui, dit Cendrillon en soupirant.

— Eh bien, seras-tu bonne fille ? dit sa marraine, je t'y ferai aller. Elle la mena dans le jardin, et lui dit : apporte-moi une citrouille ; Cendrillon alla aussitôt cueillir la plus belle qu'elle put trouver, et la porta à sa marraine, ne pouvant deviner comment cette citrouille la pourrait faire aller au bal. Sa marraine la creusa, et n'ayant laissé que l'écorce, la frappa de sa baguette, et la citrouille fut aussitôt changée en un beau carrosse tout doré. Ensuite elle alla regarder dans la souricière, où elle trouva six souris toutes en vie. Elle dit à Cendrillon de lever un peu la trappe de la souricière, et à chaque souris qui sortait elle lui donnait un coup de sa baguette, et la souris était aussitôt changée en un beau cheval ; ce qui fit un bel attelage de six chevaux d'un beau gris de souris pommelé.

Comme elle était en peine de quoi elle ferait un cocher, Cendrillon apporta la ratière où il y avait trois gros rats. La Fée en choisit un, très-barbu, et l'ayant touché, il fut changé en un gros cocher, qui avait une des plus belles moustaches qu'on ait jamais vues. Ensuite elle lui dit : va doucement derrière l'arrosoir, et apporte-moi les six lézards que tu y trouveras. Elle ne les eût pas plutôt apportés, que sa marraine les changea en six beaux laquais, qui montèrent aussitôt derrière le carrosse comme s'ils n'eussent fait autre chose de toute leur vie. La Fée dit alors à Cendrillon : Eh bien ! voilà de quoi aller au bal ; n'es-tu pas bien aise ? Oui, mais est-ce que j'irai comme cela, avec mes vilains habits ? Sa marraine ne fit que les toucher avec sa baguette, et en même temps ils furent changés en des habits de drap d'or et d'argent, tout chamarrés de pierreries, et elle lui donna une paire de pantoufles de verre, les plus jolies du monde.

Quand elle fut ainsi parée, elle monta en carrosse : mais sa marraine lui recommanda sur toutes choses de ne pas passer minuit, l'avertissant que, si elle restait au bal un instant de plus, son carrosse redeviendrait citrouille, ses chevaux des souris, ses laquais des lézards, et que ses vieux habits reprendraient leur première forme. Cendrillon promit de bien suivre ces recommandations, et partit enfin toute joyeuse.

Le fils du roi, qu'on alla avertir qu'il venait d'arriver une princesse qu'on ne connaissait point, courut la recevoir ; il lui donna la main à la descente du carrosse, et la présenta à la compagnie. Il se fit alors un grand silence ; on cessa de danser, et les violons ne jouèrent plus, tant on était attentif à contempler les beautés de cette inconnue. On n'entendait qu'un bruit confus : Ah ! qu'elle est belle ! Le roi même, tout vieux qu'il était, ne se lassait pas de la regarder, et de dire tout bas à la reine, qu'il n'avait jamais vu une si belle et si aimable personne.

Toutes les dames étaient occupées à considérer sa coiffure et ses habits, pour en avoir de semblables, pourvu qu'il se trouvât des étoffes assez belles et des ouvriers assez habiles. Le fils du roi la mit à la place la plus honorable, puis il la mena danser. Elle dansa avec tant de grâce qu'on l'admira encore davantage. On apporta une fort belle collation, dont le jeune prince ne mangea point tant il était occupé à la considérer. Cendrillon alla s'asseoir auprès de ses sœurs, et leur fit mille honnêtetés ; leur faisant part des oranges et des citrons que le prince lui avait donnés ; ce qui les étonna fort, car elles ne la reconnaissaient point.

Pendant qu'elles causaient ainsi, Cendrillon entendit sonner onze heures trois quarts : elle fit aussitôt une grande révérence à la compagnie, et s'en alla le plus vite qu'elle put. Dès qu'elle fut arrivée, elle alla trouver sa marraine, et après l'avoir remerciée, elle lui dit qu'elle souhaiterait bien aller encore le lendemain au bal, parce que le fils du roi l'en avait priée. Comme elle était occupée à raconter à sa marraine tout ce qui s'était passé au bal, les deux sœurs heurtèrent à la porte. Cendrillon leur alla ouvrir. Que vous êtes long-temps à revenir ! leur dit-elle en baillant, en se frottant les yeux et en s'étendant comme si elle n'eût fait que se réveiller. Si tu étais venue au bal, lui dit une de ses sœurs, tu ne t'y serais pas ennuyée : il est venu la plus belle princesse, la plus belle qu'on puisse voir : elle nous a fait mille civilités, elle nous a offert des oranges et des citrons. Cendrillon ne se sentait pas de joie : elle leur demanda le nom de cette princesse; mais elles lui répondirent qu'on ne la connaissait pas et que le fils du roi donnerait toute chose au monde pour savoir qui elle était. Cendrillon sourit et leur dit : Elle était donc bien belle ? mon Dieu, que vous êtes heureuses ! ne pourrais-je point la voir ? hélas ! prêtez-moi un de vos habits que vous mettez tous les jours. Vraiment, dit l'une des sœurs, je suis de cet avis ! prêter un habit à un vilain Cucendron comme toi ! il faudrait être bien folle.

Cendrillon s'attendait bien à ce refus, elle en fut bien aise ; car elle aurait été grandement embarrassée, si ses sœurs eussent consenti à lui prêter un habit. Le lendemain les deux sœurs furent au bal, et Cendrillon aussi, mais encore plus parée que la première fois. Le fils du roi fut toujours auprès d'elle, et ne cessa de lui conter des douceurs. La jeune demoiselle ne s'ennuyait point et oublia ce que sa marraine lui avait recommandé, de sorte qu'elle entendit sonner le premier coup de minuit, lorsqu'elle ne croyait pas qu'il fût encore onze heures : elle se leva et s'enfuit aussi légèrement qu'aurait fait une biche. Le prince la suivit, mais il ne put l'attraper. Elle laissa tomber une de ses pantoufles de verre, que le prince ramassa bien soigneusement.

Cendrillon arriva chez elle bien essoufflée, sans carrosse, sans laquais et avec ses méchants habits ; rien ne lui étant resté de toute sa magnificence, qu'une de ses petites pantoufles, la pareille à celle qu'elle avait laissé tomber. On demanda aux gardes du palais, s'ils n'avaient pas vu sortir une princesse ; ils dirent qu'ils n'avaient vu sortir personne, qu'une jeune fille, fort mal vêtue, et qui avait plutôt l'air d'une petite paysanne que d'une demoiselle de qualité.

Quand les deux sœurs revinrent du bal, Cendrillon leur demanda si elles s'étaient encore bien diverties, et si la belle dame y avait été : elles lui dirent que oui, mais qu'elle s'était enfuie lorsque minuit avait sonné, et si promptement, qu'elle avait laissé tomber une de ses jolies petites pantoufles de verre ; que le fils du roi l'avait ramassée et qu'il n'avait fait que la regarder tout le reste du bal, et qu'assurément il était bien amoureux de la belle personne à qui elle appartenait. En effet, peu de jours après, le fils du roi fit publier, à son de trompe, qu'il épouserait celle dont le pied serait bien juste à la pantoufle.

On commença à l'essayer aux princesses, ensuite aux duchesses et à toute la cour, mais inutilement. On la porta chez les sœurs, qui firent tout leur possible pour y faire entrer leur pied; mais elles ne purent en venir à bout. Cendrillon, qui les regardait, et qui reconnut sa pantoufle, dit en riant : Que je voie si elle ne me serait pas bonne! Ses sœurs se mirent à rire et à se moquer d'elle. Le gentilhomme qui faisait l'essai de la pantoufle, ayant attentivement regardé Cendrillon et la trouvant fort belle, dit que cela était très-juste, et qu'il avait l'ordre de l'essayer à toutes les filles. Il fit asseoir Cendrillon, et approchant la pantoufle de son petit pied, il vit qu'elle y entrait sans peine, et qu'il y était juste comme de cire. L'étonnement des deux sœurs fut grand, mais plus grand encore, quand Cendrillon tira de sa poche l'autre petite pantoufle qu'elle mit à son pied. Là-dessus arriva la marraine, qui, ayant donné un coup de sa baguette sur les habits de Cendrillon, les fit devenir encore plus magnifiques que les précédents.

Alors ses deux sœurs la reconnurent pour la belle personne qu'elles avaient vue au bal. Elles se jetèrent à ses pieds pour lui demander pardon de tous les mauvais traitements qu'elles lui avaient fait souffrir. Cendrillon les releva et leur dit en les embrassant, qu'elle leur pardonnait de bon cœur, et qu'elle les priait de l'aimer bien toujours. On la mena chez le jeune prince, parée comme elle était. Il la trouva encore plus belle que jamais et peu de jours après il l'épousa. Cendrillon, qui était aussi bonne que belle, fit loger ses deux sœurs au palais, et les maria dès le jour même à deux grands seigneurs de la cour.

RIQUET À LA HOUPPE

L'AÎNÉE ÉTAIT SOTTE
ET AVEC CELA SI MALADROITE.

LA CADETTE ENLAIDISSAIT À VUE D'OEIL,
MAIS ELLE AVAIT BEAUCOUP D'ESPRIT.

S'ÉTANT UN JOUR, RETIRÉE DANS UN BOIS
POUR Y PLEURER À SON AISE...

VOUS ME VOYEZ MADAME,
EXACT À TENIR MA PAROLE.

RIQUET A LA HOUPPE.

L était une fois une reine qui accoucha d'un fils si laid et si mal fait, qu'on douta longtemps s'il avait une forme humaine. Une Fée qui se trouva à sa naissance, assura qu'il ne laisserait pas d'être aimable, parce qu'il aurait beaucoup d'esprit : elle ajouta même qu'il pourrait, en vertu du don qu'elle venait de lui faire, donner autant d'esprit qu'il en aurait, à la personne qu'il aimerait le mieux. Cela consola un peu la pauvre reine, qui était bien affligée d'avoir un si vilain marmot. Il est vrai que cet enfant ne commença pas plutôt à parler, qu'il dit mille jolies choses. J'oubliais d'ajouter qu'il vint au monde avec une petite houppe de cheveux sur la tête, ce qui fit qu'on le nomma Riquet à la Houppe : car Riquet était son nom de famille.

Au bout de sept ou huit ans, la reine d'un royaume voisin accoucha de deux filles. La première qui vint au monde était plus belle que le jour : la reine en fut si aise, qu'on appréhenda que sa trop grande joie ne lui fît mal. La même Fée qui avait assisté à la naissance du petit Riquet à la Houppe était présente, et, pour modérer la joie de la reine elle lui déclara que cette petite princesse n'aurait point d'esprit, et qu'elle serait aussi stupide qu'elle était belle. Cela mortifia beaucoup la reine : mais elle eut, quelques moments après, un bien plus grand chagrin, car la seconde fille dont elle accoucha se trouva extrêmement laide.

Ne vous affligez pas tant, Madame, lui dit la Fée, votre fille sera récompensée, elle aura tant d'esprit qu'on ne s'apercevra presque pas qu'il lui manque de la beauté. — Dieu le veuille! répondit la reine; mais n'y aurait-il pas moyen de faire avoir un peu d'esprit à l'aînée, qui est si belle? — Je ne puis rien pour elle du côté de l'esprit, mais je puis tout du côté de la beauté, et, comme il n'y a rien que je ne veuille pour votre satisfaction, je vais lui donner pour don de pouvoir rendre beau ou belle la personne qui lui plaira.

A mesure que ces deux princesses grandissaient leurs perfections devinrent plus sensibles; on ne parlait partout que de la beauté de l'aînée et de l'esprit de la cadette. Il est vrai que leurs défauts augmentèrent aussi avec l'âge. La cadette enlaidissait à vue d'œil, et l'aînée devenait plus stupide de jour en jour; ou elle ne répondait rien à ce qu'on lui demandait, ou elle disait une sottise; elle était avec cela si maladroite, qu'elle n'eût pu ranger quatre porcelaines sans en casser une, ni boire un verre d'eau sans en répandre sur ses habits.

Quoique la beauté soit un grand avantage, la cadette toute laide qu'elle était, l'emportait toujours sur son aînée dans presque toutes les compagnies. D'abord, on allait du côté de la plus belle, pour la voir et pour l'admirer; mais bientôt après on allait à celle qui avait le plus d'esprit, pour lui entendre dire mille choses agréables, et on était étonné qu'en moins d'un quart d'heure l'aînée n'avait plus personne auprès d'elle, tandis que tout le monde était rangé autour de sa sœur.

L'aînée, quoique fort stupide, le remarqua bien, et elle eût donné sans regret toute sa beauté pour avoir la moitié de l'esprit de sa sœur. La reine, toute sage qu'elle était, ne put s'empêcher de lui reprocher parfois sa bêtise; ce qui pensa faire mourir de douleur cette pauvre princesse.

Un jour qu'elle s'était retirée dans un bois pour y pleurer à son aise, elle vit venir à elle un petit homme fort désagréable, mais vêtu magnifiquement. C'était le jeune Riquet à la Houppe, qui, étant devenu amoureux d'elle sur ses portraits qui couraient par le monde, avait quitté le royaume de son père pour la voir et lui parler. Ravi de la rencontrer ainsi toute seule, il l'aborde avec tout le respect et toute la politesse imaginables.

Ayant remarqué, après lui avoir fait les compliments ordinaires, qu'elle était fort mélancolique, il lui dit : Je ne comprends point, Madame, comment une personne aussi belle peut être aussi triste que vous le paraissez ; car, quoique je puisse me vanter d'avoir vu une infinité de belles personnes, je puis dire que je n'en ai jamais vu dont la beauté approche de la vôtre. — Cela vous plaît à dire, Monsieur, répondit la princesse ; et elle en demeura là. — La beauté, reprit Riquet à la Houppe, est un si grand avantage, qu'elle doit tenir lieu de tout le reste quand on la possède, je ne vois donc pas qu'il y ait rien qui puisse vous affliger beaucoup. — J'aimerais mieux, dit la princesse, être aussi laide que vous et avoir de l'esprit, que d'avoir de la beauté comme j'en ai, et être bête autant que je le suis. — Il n'y a rien, Madame, qui marque davantage qu'on a de l'esprit, que de croire n'en pas avoir ; et il est de la nature de ce bien là, que plus on en a, plus on croit en manquer. — Je ne sais pas cela, dit la princesse : mais je sais bien que je suis fort bête, et c'est de là que vient le chagrin qui me tue. — Si ce n'est que cela, Madame, qui vous afflige, je puis aisément mettre fin à votre douleur. — Et comment ferez-vous ? dit la princesse. — J'ai le pouvoir, Madame, de donner de l'esprit autant qu'on en saurait avoir, à la personne que je dois aimer le plus ; et comme vous êtes cette personne, il ne tiendra qu'à vous que vous ayez autant d'esprit qu'on en peut avoir, pourvu que vous vouliez bien m'épouser.

La princesse demeura tout interdite, et ne répondit rien. Je vois, dit Riquet à la Houppe, que cette proposition vous fait de la peine, et je ne m'en étonne pas, mais je vous donne un an pour vous y résoudre. La princesse avait si peu d'esprit et en même temps une si grande envie d'en avoir, qu'elle s'imagina que la fin de cette année ne viendrait jamais, de sorte qu'elle accepta la proposition qui lui était faite.

Elle n'eut pas plutôt promis à Riquet à la Houppe qu'elle l'épouserait dans un an à pareil jour, qu'elle se sentit tout autre qu'elle n'était auparavant : elle se trouva une facilité incroyable à dire tout ce qui lui plaisait, et à le dire d'une manière fine, aisée et naturelle. Elle commença dès ce moment une conversation galante et soutenue avec Riquet à la Houppe, où elle babillait d'une telle façon, qu'il crut lui avoir donné plus d'esprit qu'il ne s'en était réservé pour lui-même. Quand elle fut de retour au palais, toute la cour ne sut que penser d'un changement si subit et si extraordinaire ; car autant on lui avait ouï dire de sottises, autant on lui entendait dire des choses sensées et spirituelles. Toute la cour en eut une joie qui ne se peut imaginer ; il n'y eut que sa cadette qui n'en fut pas bien aise, parce que, n'ayant plus sur son aînée l'avantage de l'esprit, elle ne paraissait auprès d'elle qu'une guenon fort désagréable. Le roi se conduisait par ses avis, et tenait parfois le conseil dans son appartement.

Le bruit de ce changement s'étant répandu, tous les jeunes princes des royaumes voisins la demandèrent en mariage : mais elle n'en trouvait pas qui eussent assez d'esprit. Cependant il en vint un, si puissant, si riche, si spirituel et si bien fait, qu'elle ne put s'empêcher d'avoir de la bonne volonté pour lui. Son père s'en étant aperçu, lui dit qu'il la faisait maîtresse de son choix et lui laissait tout le temps d'y penser.

Pour rêver plus commodément à ce qu'elle avait à faire, elle alla par hasard se promener dans le même bois où elle avait rencontré Riquet à la Houppe, et tout en réfléchissant, elle entendit un bruit sourd sous ses pieds, comme de plusieurs personnes qui vont et viennent et qui agissent. Ayant prêté l'oreille elle ouït que l'on disait : Apporte-moi cette marmite ; l'autre : Donne-moi cette chaudière ; l'autre : Mets du bois dans ce feu. La terre s'ouvrit dans le même temps, et elle vit sous ses pieds comme une grande cuisine remplie de cuisiniers, de marmitons et de toutes sortes d'officiers nécessaires pour faire un festin magnifique. Il en sortit une bande de vingt ou trente rôtisseurs qui allèrent se camper dans une allée du bois, autour d'une table fort longue, et qui, la lardoire à la main, et la queue du renard sur l'oreille, se mirent à travailler en cadence, au son d'une chanson harmonieuse. La princesse étonnée, leur demanda pour qui ils travaillaient. C'est, Madame, lui répondit le plus apparent de la bande, pour le prince Riquet à la Houppe, dont les noces se feront demain.

La princesse, encore plus surprise qu'elle ne l'avait été, et se ressouvenant tout à coup qu'il y avait un an à pareil jour elle avait promis d'épouser le prince Riquet à la Houppe, pensa tomber de son haut. Ce qui faisait qu'elle ne s'en souvenait pas, c'est que, quand elle fit cette promesse, elle était une bête, et qu'en prenant le nouvel esprit que le prince lui avait donné, elle avait oublié toutes ses sottises. Elle n'eut pas fait trente pas, continuant sa promenade, que Riquet à la Houppe se présenta à elle, brave, magnifique, et comme un prince qui va se marier.

Vous me voyez, dit-il, Madame, exact à tenir ma parole, et je ne doute point que vous ne veniez ici pour exécuter la vôtre, et me rendre, en m'accordant votre main, le plus heureux de tous les hommes. — Je vous avouerai franchement, répondit la princesse, que je n'ai pas encore pris ma résolution là-dessus, et que je ne crois pas pouvoir la prendre telle que vous la souhaitez. — Vous m'étonnez, madame, lui dit Riquet à la Houppe. — Je le crois, dit la princesse; et assurément, si j'avais affaire à un brutal, à un homme sans esprit, je me trouverais bien embarrassée. Une princesse n'a que sa parole, me dirait-il : il faut que vous m'épousiez puisque vous me l'avez promis; mais comme celui à qui je parle est l'homme du monde qui a le plus d'esprit, je suis sûre qu'il entendra raison. Vous savez que quand je n'étais qu'une bête, je ne pouvais néanmoins me résoudre à vous épouser; comment voulez-vous qu'ayant l'esprit que vous m'avez donné, qui me rend encore plus difficile, je prenne aujourd'hui une résolution que je n'ai pu prendre dans ce temps-là? Si vous pensiez tout de bon à m'épouser, vous avez eu tort de m'ôter ma bêtise, et de me faire voir plus clair que je ne voyais.

Si un homme sans esprit, répondit Riquet à la Houppe, serait bien reçu, comme vous venez de le dire, à vous reprocher votre manque de parole, pourquoi voulez-vous, Madame, que je n'en use pas de même dans une chose où il y va de tout le bonheur de ma vie? est-il raisonnable que les personnes qui ont de l'esprit, soient d'une pire condition que celles qui n'en ont pas? le pouvez-vous prétendre, vous qui en avez tant et qui avez tant souhaité d'en avoir?

Mais venons au fait, s'il vous plaît. A la réserve de ma laideur, y a-t-il quelque chose en moi qui vous déplaise? Êtes-vous mécontente de ma naissance, de mon esprit, de mon humeur et de mes manières? — Nullement, répondit la princesse : j'aime en vous tout ce que vous venez de me dire. — Si il en est ainsi, reprit Riquet à la Houppe, je vais être heureux, puisque vous pouvez me rendre le plus aimable des hommes. — Comment cela se peut-il faire? — Cela se fera, répondit Riquet à la Houppe, si vous m'aimez assez pour souhaiter que cela soit, car la même Fée, qui au jour de ma naissance, me fit le don de pouvoir rendre spirituelle la personne qui me plairait, vous a aussi fait le don de pouvoir rendre beau celui que vous aimerez.

S'il en est ainsi, dit la princesse, je souhaite de tout mon cœur que vous deveniez le prince du monde le plus aimable, et je vous en fais le don autant qu'il est en moi. La princesse n'eut pas plutôt prononcé ces paroles, que Riquet à la Houppe parut à ses yeux l'homme le plus beau, le mieux fait et le plus aimable qu'elle eût jamais vu.

Quelques-uns assurent que ce ne furent point les charmes de la Fée qui opérèrent, mais que l'amour seul fit cette métamorphose. Ils disent que la princesse, ayant fait réflexion sur la persévérance de son amant, sur sa discrétion et sur toutes les qualités de son âme et de son esprit, ne vit plus la difformité de son corps ni la laideur de son visage.

Quoiqu'il en soit, la princesse lui promit sur le champ de l'épouser, pourvu qu'il en obtînt le consentement du roi son père. Le roi ayant su que sa fille avait beaucoup d'estime pour Riquet à la Houppe, qu'il connaissait d'ailleurs pour un prince très-spirituel et très-sage, le reçut avec plaisir pour son gendre. Dès le lendemain, les noces furent faites, ainsi que Riquet à la Houppe l'avait prévu et selon les ordres qu'il en avait donnés longtemps auparavant.

LE CHAT BOTTÉ

MAÎTRE CHAT AYANT PRIS DEUX PERDRIX.   UN ÉTOURDI DE LAPIN ENTRA DANS SON SAC
VA LES OFFRIR AU ROI.   ET FUT TUÉ SANS MISÉRICORDE.

AYANT RENCONTRÉ DES PAYSANS IL LEUR DIT: L'OGRE S'ÉTANT CHANGÉ EN SOURIS,
BONNES GENS QUI FAUCHEZ....   LE CHAT SE JETA DESSUS ET LE MANGEA.

LE CHAT BOTTÉ.

CONTE.

N meunier ne laissa pour tous biens à trois enfants qu'il avait, que son moulin, son âne et son chat. Les partages furent bientôt faits, sans notaire ni procureur qui, entre eux eussent aisément croqué le pauvre patrimoine.

L'aîné eut le moulin en partage, le second eut l'âne, et le plus jeune n'eut que le chat. Ce dernier ne pouvait se consoler d'avoir un si pauvre lot. Mes frères, pensait-il, pourront gagner leur vie honnêtement se mettant ensemble; quant à moi, lorsque j'aurai mangé mon chat, et que je me serai fait un manchon de sa peau, je n'aurai plus qu'à mourir de faim. Le chat, qui entendait ce discours, mais qui n'en fit pas semblant, lui dit d'un air posé et sérieux : Ne vous affligez pas, mon maître, vous n'avez qu'à me donner un sac, puis une paire de bottes pour aller dans les broussailles, et vous verrez que vous n'êtes pas si mal partagé que vous croyez. Quoique le maître du chat ne fît pas grand fond là-dessus, il lui avait vu faire tant de tours de souplesse pour prendre des rats et des souris, qu'il ne désespéra pas d'en être secouru dans sa misère à venir.

Lorsque le chat eut ce qu'il avait demandé, il se botta bravement, et, mettant son sac à son cou, il en prit les cordons avec ses deux pattes de devant, et s'en alla dans une garenne où il y avait grand nombre de lapins. Il mit du son et des lacerons dans son sac, et attendit que quelque jeune lapin peu instruit encore des ruses de ce monde, vînt se fourrer dans son sac pour manger ce qu'il y avait mis pour l'attraper.

A peine fut-il couché, qu'il eut contentement; un jeune étourdi de lapin entra dans son sac, et le maître chat, tirant aussitôt les cordons, le
prit et le tua sans miséricorde.

Tout glorieux de sa proie, il s'en alla chez le roi, et demanda à lui
parler. On le fit monter à l'appartement de Sa Majesté, où étant entré, il
fit une grande révérence et dit : Voilà, Sire, un lapin de garenne que M.
le marquis de Carabas (c'était le nom qu'il lui prit gré de donner à son
maître), m'a chargé de vous présenter de sa part. — Dis à ton maître, répondit le roi, que je le remercie, et qu'il me fait plaisir.

Une autre fois il alla se cacher dans un champ de blé, tenant toujours
son sac ouvert; et lorsque deux perdrix y furent entrées, il tira les cordons et les prit toutes deux. Il alla ensuite les présenter au roi, comme
il avait fait du lapin de garenne. Le roi reçut encore avec plaisir les deux
perdrix, et lui fit donner pour boire.

Le chat continua ainsi pendant deux ou trois mois, de porter de temps
en temps au roi du gibier de la chasse de son maître.

Un jour qu'il sut que le roi devait aller à la promenade sur le bord de
la rivière avec sa fille, la plus belle princesse du monde, il dit à son
maître : Si vous voulez suivre mon conseil, votre fortune est faite : vous
n'avez qu'à vous baigner dans la rivière à l'endroit que je vous montrerai,
et ensuite me laisser faire.

Le marquis de Carabas, sans plus réfléchir, suivit le conseil de son chat.

Dans le temps qu'il se baignait, le roi vint à passer et le chat se mit à
crier : Au secours! au secours! voilà M. le marquis de Carabas qui se
noie! A ce cri, le roi, reconnaissant le chat qui tant de fois lui avait apporté du gibier, ordonna à ses gardes d'aller vite au secours du marquis.

Pendant qu'on le retirait de la rivière, le chat s'approchant du carrosse,
dit au roi que, dans le même temps que son maître se baignait, des vo-
leurs avaient emporté ses habits, quoiqu'il eût crié, au voleur! de toute
sa force (le drôle les avait cachés sous une grosse pierre).

A ce recit, le roi ordonna qu'un de ses plus beaux habits soit aussitôt apporté; ces riches vêtements relevèrent la bonne mine du marquis, car il était beau et bien fait de sa personne, le roi lui fit mille caresses et sa fille le trouva fort à son gré; on le fit monter dans le carrosse royal, où l'heureux marquis, par quelques regards fort respectueux et un peu tendres, acheva de se gagner l'amour et les bonnes grâces de la princesse.

Le chat, ravi de voir que son dessein commençait à réussir, prit les devants, et ayant rencontré des faucheurs, il leur dit : « Bonnes gens qui fauchez, si vous ne dites au roi que le pré que vous fauchez appartient à M. le marquis de Carabas, vous serez hachés menu comme chair à pâté. »

Le roi ne manqua pas de demander aux faucheurs à qui était le pré qu'ils fauchaient. — C'est à M. le marquis de Carabas, dirent-ils tous ensemble; car la menace du chat leur avait fait peur. — Vous avez là un bel héritage, dit le roi au marquis.

— Vous voyez, sire, répondit le marquis; c'est un pré qui ne manque point de rapporter abondamment tous les ans. Le maître chat, qui allait toujours devant, rencontra des moissonneurs, et leur dit : « Bonnes gens qui moissonnez, si vous ne dites au roi que tous ces blés appartiennent au marquis de Carabas, vous serez hachés menu comme chair à pâté. »

Le roi, qui passa un moment après, voulut savoir à qui appartenaient tous ces blés qu'il voyait. C'est à M. le marquis de Carabas, répondirent les moissonneurs; et le roi s'en réjouit encore avec le marquis. Le chat, qui allait devant le carrosse, disait toujours la même chose à tous ceux qu'il rencontrait; et le roi était étonné des grands biens de M. le marquis de Carabas.

Le maître chat arriva enfin dans un beau château, dont le maître était un Ogre, le plus riche qu'on ait jamais connu; car toutes les terres par où le roi avait passé, étaient de la dépendance de ce château. Le chat eut soin de s'informer qui était cet ogre et ce qu'il savait faire; il demanda à lui parler, disant qu'il n'avait pas voulu passer si près de son château sans avoir l'honneur de lui faire la révérence.

L'Ogre le reçut assez civilement et le fit reposer. On m'a assuré, dit

le chat, que vous aviez le don de vous changer en toutes sortes d'animaux, et que vous pouviez, par exemple, vous transformer en lion, en éléphant.
— Cela est vrai, répondit l'Ogre brusquement, et pour vous le montrer, vous m'allez voir devenir lion. Le chat fut si effrayé de voir un lion devant lui, qu'il gagna aussitôt les gouttières, non sans peine et sans péril, à cause de ses bottes qui le gênaient pour courir sur les tuiles. Quelques instants après, le chat ayant vu que l'Ogre avait quitté sa première forme, descendit et avoua qu'il avait eu bien peur.

On m'a assuré encore, dit le chat, mais je ne saurais le croire, que vous aviez aussi le pouvoir de prendre la forme des plus petits animaux, par exemple, de vous changer en rat ou en souris : je vous assure que je tiens cela comme tout à fait impossible.

— Impossible ! reprit l'Ogre ; vous allez voir ; et en même temps il se changea en une souris, qui se mit à courir sur le plancher. Le chat ne l'eut pas plutôt aperçue, qu'il se jeta dessus et la mangea.

Cependant le roi vint à passer devant le beau château de l'Ogre et voulut y entrer. Le chat courut au-devant de lui, et dit : Que votre Majesté soit la bienvenue dans ce château de M. le marquis de Carabas ! — Comment, M. le marquis, s'écria le roi, ce château est encore à vous ? Il ne se peut rien de plus beau que cette tour et que tous ces bâtiments qui l'environnent : voyons le dedans, s'il vous plaît. Le marquis donna la main à la jeune princesse, et suivant le roi qui montait le premier, ils entrèrent dans une grande salle, où ils trouvèrent une magnifique collation, que l'Ogre avait fait préparer pour ses amis, qui devaient le venir voir ce jour-là, mais qui n'avaient pas osé entrer, sachant que le roi y était. Le roi, charmé des qualités du marquis et voyant les grands biens qu'il possédait, lui dit, après avoir bu cinq ou six coups : il ne tiendra qu'à vous, M. le marquis de Carabas que vous ne soyez mon gendre. Le marquis, accepta cet honneur, et dès le jour même il épousa la princesse. Le chat devint grand seigneur, et ne courut plus après les souris que pour se divertir.

PEAU D'ÂNE

PEAU D'ÂNE, DANS SA CHAMBRETTE, ESSAIE SA ROBE, COULEUR DU SOLEIL.

OUI MA MÈRE ; S'ÉCRIA LE PRINCE MALADE, JE DÉSIRE QUE PEAU D'ÂNE ME FASSE UN GÂTEAU.

LE ROI FIT SONNER LES TAMBOURS, LES FIFRES ET LES TROMPETTES ET CRIER PAR SES HÉRAUTS, QUE L'ON VIENNE ESSAYER LA BAGUE.

PEAU D'ÂNE, CONDUITE AU PALAIS, VIENT À SON TOUR ESSAYER LA BAGUE.

PEAU D'ANE.

CONTE.

L était une fois un roi si grand, si aimé de ses peuples, si respecté de tous ses voisins et de ses alliés, qu'on pouvait dire qu'il était le plus heureux de tous les monarques. Son bonheur était encore confirmé par le choix qu'il avait fait d'une princesse aussi belle que vertueuse ; et ces heureux époux vivaient dans une union parfaite. De leur hymen était née une fille douée de tant de grâce et de charmes, qu'ils ne regrettaient point de n'avoir pas une ample lignée. La magnificence, le goût et l'abondance régnaient dans son palais : les ministres étaient sages et habiles ; les courtisans vertueux et attachés ; les domestiques fidèles et laborieux ; les écuries vastes et remplies des plus beaux chevaux du monde. Mais ce qui étonnait les étrangers qui venaient admirer ces belles écuries, c'est, qu'au lieu le plus apparent un maître âne étalait ses longues et grandes oreilles. Ce n'était pas par fantaisie, mais avec raison que le roi lui avait donné une place particulière et distinguée. Les vertus de ce rare animal méritaient cette distinction, puisque la nature l'avait formé si extraordinaire, que sa litière, au lieu d'être malpropre, était couverte tous les matins, avec profusion, de beaux écus et de louis d'or de toutes espèces, qu'on allait recueillir à son réveil.

Or, comme les vicissitudes de la vie s'étendent aussi bien sur les rois que sur les sujets, et que toujours les biens sont mêlés de quelques maux, le ciel permit que la reine fût tout à coup attaquée d'une âpre maladie, pour laquelle, malgré la science et l'habileté des médecins, on ne put trouver aucun secours. La désolation fut générale. Le roi, qui s'affligeait sans modération, faisait des vœux ardents à tous les temples de son royaume, offrant sa vie pour celle d'une épouse si chérie; mais les Dieux et les Fées étaient invoqués en vain. La reine, sentant sa dernière heure approcher, dit à son son époux, qui fondait en larmes : Trouvez bon, avant que je meure, que j'exige une chose de vous; c'est que, s'il vous prenait envie de vous remarier... A ces mots, le roi fit des cris pitoyables, prit les mains de sa femme, les baigna de pleurs, l'assurant qu'il était superflu de lui parler d'un second hyménée. Non, non, dit-il enfin, ma chère reine! parlez-moi plutôt de vous suivre. L'État, reprit la reine, avec une fermeté qui augmentait les regrets de ce prince, l'État qui exige des successeurs, doit vous presser d'avoir des fils qui vous ressemblent : ne vous ayant donné qu'une fille, je vous demande instamment par tout l'amour que vous avez eu pour moi, de ne céder à l'empressement de vos sujets que lorsque vous aurez trouvé une princesse plus belle et mieux faite que moi; j'en veux votre serment et alors je mourrai contente. On présume que la reine, qui ne manquait pas d'amour-propre, n'avait exigé ce serment que pour s'assurer que le roi ne se remarierait jamais; ne croyant pas qu'il fût au monde personne qui pût l'égaler. Enfin elle mourut. Jamais mari ne fit tant de vacarme : pleurer, sangloter jour et nuit, furent son unique occupation.

Les grandes douleurs ne durent pas. D'ailleurs les grands de l'État s'assemblèrent, et vinrent en corps demander au roi de se remarier. Cette première proposition lui parut dure, et lui fit répandre de nouvelles larmes. Il allégua le serment qu'il avait fait à la reine, défiant tous ses conseillers de pouvoir trouver une princesse plus belle, mieux faite que feu sa femme. Mais le conseil dit qu'il importait peu de la beauté, pourvu qu'une reine soit vertueuse et point stérile ; que l'État demandait des princes pour son repos et sa tranquillité ; qu'à la vérité, l'Infante avait toutes les qualités requises pour faire une grande reine, mais qu'il fallait lui choisir un étranger pour époux ; et qu'alors, cet étranger l'emmènerait chez lui, ou que, s'il régnait avec elle, ses enfants ne seraient plus réputés du même sang; et que, n'ayant point de prince de son nom, les peuples voisins pouvaient leur susciter des guerres qui entraîneraient la ruine du royaume. Le roi, frappé de ces considérations, promit qu'il songerait à les contenter.

Effectivement, il chercha parmi les princesses à marier celle qui pourrait lui convenir. Tous les jours on lui présentait des portraits charmants, mais aucun n'avait les grâces de la feue reine; aussi ne se déterminait-il point. Malheureusement il s'avisa de trouver que l'Infante sa fille était non-seulement belle et bien faite à ravir, mais qu'elle surpassait encore de beaucoup la reine sa mère en esprit et en agréments; sa jeunesse, la fraîcheur de son beau teint, enflamma le roi d'un feu si violent, qu'il ne put le cacher à l'Infante, et lui dit qu'il avait résolu de l'épouser, puisqu'elle seule pouvait le dégager de son serment.

La jeune princesse, remplie de vertu et de pudeur, pensa s'évanouir à cette horrible proposition. Elle se jeta aux pieds du roi son père, et le conjura, avec toute la force qu'elle put trouver dans son esprit, de ne pas la contraindre à commettre un tel crime.

Le roi, qui s'était mis en tête ce bizarre projet, avait consulté un vieux druide pour mettre la conscience de la princesse en repos. Ce druide, moins religieux qu'ambitieux, sacrifia à l'honneur d'être confident d'un grand roi, l'intérêt de l'innocence et de la vertu, et s'insinua avec tant d'adresse dans l'esprit du roi, lui adoucit tellement le crime qu'il allait commettre, qu'il lui persuada même que c'était une œuvre pie que d'épouser sa fille. Ce prince, flatté par les discours de ce scélérat, l'embrassa et revint d'avec lui plus entêté que jamais de son projet : il fit donc ordonner à l'Infante de se préparer à lui obéir.

La jeune princesse, outrée d'une vive douleur, n'imagina rien autre chose que d'aller trouver la Fée des Lilas, sa marraine. Pour cet effet, elle partit la même nuit dans un joli cabriolet, attelé d'un gros mouton, qui savait tous les chemins. Elle y arriva heureusement. La Fée, qui aimait l'Infante, lui dit qu'elle savait tout ce qu'elle venait lui dire, mais qu'elle n'en eût aucun souci, que rien ne pouvait lui nuire, si elle exécutait fidèlement ce qu'elle allait lui prescrire. Dites au roi votre père, que pour satisfaire votre fantaisie, il faut qu'il vous donne une robe de la couleur du temps; jamais, avec tout son pouvoir, il ne pourra y parvenir. La princesse remercia sa marraine, et dès le lendemain, elle dit au roi son père ce que la Fée lui avait conseillé, et protesta qu'on ne tirerait d'elle aucun aveu qu'elle n'eût la robe couleur du temps. Le roi, ravi de l'espérance qu'elle lui donnait, assembla les plus fameux ouvriers, et leur commanda cette robe, sous la condition que, s'ils ne pouvaient réussir, il les ferait tous pendre. Il n'eut pas le chagrin d'en venir à cette extrémité; dès le second jour, ils apportèrent la robe si désirée. L'empyrée n'est pas d'un plus beau bleu, lorsqu'il est ceint de nuages d'or, que cette belle robe lorsqu'elle fut étalée. L'Infante en fut toute contristée, et ne savait comment se tirer d'embarras. Le roi pressait la conclusion. Il fallut recourir encore à la marraine qui, étonnée de ce que son secret n'avait pas réussi, lui dit d'essayer d'en demander une couleur de la lune. Le roi, qui ne pouvait rien lui refuser, envoya chercher les plus habiles ouvriers, et leur commanda si expressément une robe couleur de la lune, qu'entre ordonner et l'apporter, il n'y eut pas vingt-quatre heures. L'Infante, plus charmée de cette superbe robe que des soins du roi son père, s'affligea immodérément lorsqu'elle fut avec ses femmes et sa nourrice. La Fée des Lilas qui savait tout, vint au secours de l'affligée princesse et lui dit : Ou je me trompe fort, ou je crois que, si vous demandez une robe couleur du soleil, nous viendrons à bout de dégoûter le roi votre père; car on ne pourra, je pense, parvenir à faire une pareille robe. L'Infante en convint, demanda la robe, et l'amoureux roi donna sans regret tous les diamants et les rubis de sa couronne pour aider à ce superbe ouvrage, avec ordre de ne rien épargner pour rendre cette robe égale au

soleil. Aussi, dès qu'elle parut, tous ceux qui la virent déployée furent
obligés de fermer les yeux, tant ils furent éblouis. C'est de ce temps
que datent les lunettes vertes et les verres noirs. Que devint l'Infante à
cette vue? Jamais on n'avait rien fait de si beau et de si bien ouvragé :
elle était confondue ; et, sous prétexte d'en avoir mal aux yeux, elle se
retira dans sa chambre, où la Fée l'attendait, honteuse et rouge de colère.
Oh! pour le coup, ma fille, dit-elle à l'Infante, nous allons mettre l'indigne amour de votre père à une terrible épreuve. Je le crois bien entêté
de ce mariage; mais je pense qu'il sera un peu étourdi de la demande que
je vous conseille de lui faire; c'est la peau de cet âne qu'il aime si pas-
sionnément, et qui fournit à toutes ses dépenses avec tant de profusion:
allez, et ne manquez pas de lui dire que vous désirez cette peau. L'Infante, ravie de trouver encore un moyen d'éluder un mariage qu'elle
détestait, et qui pensait en même temps que son père ne pourrait jamais
se résoudre à sacrifier son âne, vint le trouver et lui exposa son désir
pour la peau de ce bel animal. Quoique le roi fût étonné de cette fantaisie, il ne balança pas à la satisfaire. Le pauvre âne fut sacrifié, et la peau
galamment apportée à l'Infante, qui, ne voyant plus aucun moyen d'éluder son malheur, s'allait désespérer, lorsque sa marraine accourut. Que
faites-vous, ma fille? dit-elle, voyant la princesse déchirant ses vêtements,
arrachant ses cheveux et meurtrissant ses belles joues. Voici le moment
le plus heureux de votre vie. Enveloppez-vous de cette peau, sortez de ce
palais, et allez tant que terre pourra vous porter : lorsqu'on sacrifie tout
à la vertu, les Dieux savent en récompenser. Allez, j'aurai soin que votre
toilette vous suive partout; en quelque lieu que vous vous arrêtiez, votre
cassette contenant vos habits et vos bijoux, suivra vos pas sous terre, et
voici ma baguette que je vous donne : en frappant la terre, quand vous
aurez besoin de cette cassette, elle paraîtra devant vos yeux : mais hâtez-
vous de partir, et ne tardez pas. L'Infante embrassa mille fois sa marraine, la pria de ne pas l'abandonner, s'affubla de cette vilaine peau
après s'être barbouillée de suie et sortit du palais sans être reconnue.

L'absence de l'Infante causa une grande rumeur. Le roi, qui avait fait préparer une fête magnifique, était au désespoir. Il fit partir plus de cent gendarmes et plus de mille mousquetaires pour aller à la quête de sa fille ; mais la Fée, qui la protégeait, la rendait invisible aux plus habiles recherches : ainsi, il fallut bien s'en consoler.

Pendant ce temps, l'Infante cheminait. Elle alla bien loin, bien loin, encore plus loin, et cherchait partout une place ; mais, quoique par charité on lui donnât à manger, on la trouvait si crasseuse, que personne n'en voulait. Cependant elle entra dans une belle ville, à la porte de laquelle était une métairie, dont la fermière avait besoin d'une souillon pour laver les torchons, garder les dindons et nettoyer l'auge des cochons. La fermière, voyant une voyageuse si malpropre, lui proposa d'entrer chez elle ; ce que l'Infante accepta de grand cœur, tant elle était lasse d'avoir tant marché. On la mit dans l'endroit le plus reculé de la cuisine, où elle fut les premiers jours en butte aux plaisanteries grossières de la valetaille, tant sa peau d'âne la rendait sale et dégoûtante. Enfin on s'y accoutuma ; d'ailleurs, elle était si soigneuse de remplir ses devoirs, que la fermière la prit sous sa protection. Elle conduisait les moutons, les faisait parquer au temps où il fallait ; elle menait paître les dindons avec une telle intelligence, qu'il semblait qu'elle n'eût jamais fait autre chose : aussi tout fructifiait sous ses belles mains.

Assise un jour près d'une claire fontaine où elle déplorait souvent sa triste condition, elle s'avisa de s'y mirer ; l'effroyable peau d'âne qui faisait sa coiffure et son habillement l'épouvanta. Honteuse de cet ajustement, elle se décrassa les mains et le visage, qui devinrent plus blancs que l'ivoire, et son beau teint reprit sa fraîcheur naturelle. La joie de se trouver si belle lui donna envie de se baigner, ce qu'elle exécuta ; mais il fallut remettre son indigne peau pour retourner à la métairie. Elle résolut, pour se désennuyer dans sa chambrette, de mettre tour à tour ses belles robes les fêtes et les dimanches, ce qu'elle exécuta ponctuellement.

Un jour de fête, que Peau d'Ane avait mis la robe couleur du soleil, le

PEAU D'ANE

UN MAÎTRE ÂNE ÉTALAIT SES LONGUES OREILLES
AU LIEU LE PLUS APPARENT DE CES ÉCURIES.

NON, DIT-IL, ENFIN, NON MA CHÈRE REINE
PERLEZ-MOI PLUTÔT DE VOUS SUIVRE.

LA JEUNE PRINCESSE PARTIT DANS UN JOLI CABRIOLET
ATTELÉ D'UN GROS MOUTON.

L'INFANTE EXPOSE AU ROI SON PÈRE, SON DÉSIR
D'OBTENIR LA PEAU DU MAÎTRE ÂNE.

fils du roi, à qui cette ferme appartenait, vint y descendre pour se reposer en revenant de la chasse. Ce prince était jeune, beau et admirablement bien fait, l'amour de son père, de la reine sa mère et adoré du peuple. On lui offrit une collation champêtre, qu'il accepta ; puis il se mit à parcourir les basses-cours et tous les recoins. En courant ainsi de lieu en lieu, il entra dans une sombre allée, au bout de laquelle il vit une porte fermée ! La curiosité lui fit mettre l'œil à la serrure. Mais que devint-il en apercevant la princesse, si belle et si richement vêtue, qu'à son air noble et modeste il prit pour une divinité ! l'impétuosité du sentiment qu'il éprouva dans ce moment l'aurait porté à enfoncer la porte, sans le respect que lui inspira cette ravissante personne.

Il sortit avec peine de cette petite allée sombre et obscure, mais ce fut pour s'informer quelle était la personne qui demeurait dans cette petite chambre. On lui répondit que c'était une souillon qu'on nommait Peau d'Ane à cause de la peau dont elle s'habillait, et qu'elle était si sale et si crasseuse, que personne ne la regardait ni ne lui parlait ; qu'on ne l'avait même prise que par pitié pour garder les moutons et les dindons.

Le prince, peu satisfait de cet éclaircissement, vit bien que ces gens grossiers n'en savaient pas davantage, et qu'il était inutile de les questionner. Il revint au palais du roi son père, plus amoureux qu'on ne peut dire, ayant continuellement devant les yeux la belle image de cette divinité qu'il avait vue par le trou de la serrure. Il se repentit de n'avoir pas heurté à la porte et se promit bien de n'y pas manquer une autre fois. Mais l'agitation de son sang, causée par l'ardeur de son amour, lui donna dans la même nuit une fièvre si terrible, que bientôt il fut réduit à l'extrémité. La reine sa mère, qui n'avait que lui d'enfant, se désespérait de ce que tous les remèdes étaient inutiles. Elle promettait en vain les plus grandes récompenses aux médecins ; ils y employaient tout leur art, mais rien ne guérissait le prince. Enfin ils devinèrent qu'un mortel chagrin causait tout ce ravage ; ils en avertirent la reine, qui, toute pleine de tendresse pour son fils, vint le conjurer de dire la cause de son mal, et que, quand il s'agirait de lui céder sa couronne, le roi son père descendrait de son trône pour l'y faire monter; que s'il désirait quelque princesse, quand même on serait en guerre avec le roi son père, et qu'on eût de justes sujets de s'en plaindre, on sacrifierait tout pour obtenir ce qu'il désirait; mais qu'elle le conjurait de ne pas se laisser mourir, puisque de sa vie dépendait la leur. La reine n'acheva pas ce touchant discours sans mouiller le visage du prince d'un torrent de larmes. Madame, lui dit enfin le prince, avec une voix très-faible, je ne suis pas assez dénaturé pour désirer la couronne de mon père : plût au ciel qu'il vive de longues années, et qu'il veuille bien que je sois longtemps le plus fidèle et le plus respectueux de ses sujets! Quant aux princesses que vous m'offrez, je n'ai pas encore songé à me marier; et vous pensez bien que, soumis comme je le suis à vos volontés, je vous obéirai toujours, quoiqu'il m'en coûte. Ah! mon fils, reprit la reine, rien ne nous coûtera pour te sauver la vie; mais mon enfant, sauve la mienne et celle du roi ton père, en me déclarant ce que tu désires, et sois bien assuré qu'il te sera accordé. — Eh bien! Madame, dit-il, puisqu'il faut vous déclarer ma pensée, je vais vous obéir; je me ferais un crime de mettre en danger deux êtres qui me sont si chers. Oui, ma mère, je désire que Peau d'Ane me fasse un gâteau, et dès qu'il sera fait, on me l'apporte. La reine, étonnée de ce nom bizarre, demanda qui était cette Peau d'Ane. C'est, Madame, reprit un de ses officiers qui par hasard avait vu cette fille, la plus vilaine bête après le loup; une noire peau, une crasseuse qui loge dans votre métairie, et qui garde vos dindons. — N'importe, dit la reine; mon fils, au retour de la chasse, a peut-être mangé de sa pâtisserie; c'est une fantaisie de malade; en un mot je veux que Peau d'Ane, puisque Peau d'Ane il y a, lui fasse promptement un gâteau. On courut à la métairie, et l'on fit venir Peau d'Ane pour lui ordonner de faire de son mieux un gâteau pour le prince.

On assure qu'au moment où ce prince avait mis l'œil à la serrure, Peau d'Ane l'avait aperçu, et que, regardant par sa petite fenêtre, elle avait vu ce prince si jeune, si beau et si bien fait, que l'idée lui en était restée, et que souvent ce souvenir lui avait coûté quelques soupirs. Quoiqu'il en soit, Peau d'Ane, ravie de pouvoir trouver un moyen d'être connue, s'enferma dans sa chambrette, jeta sa vilaine peau, se décrassa le visage et les mains, se coiffa de ses blonds cheveux, mit un corset d'argent brillant, un jupon pareil, et se mit à faire le gâteau tant désiré : elle prit de la plus pure farine, des œufs et du beurre bien frais. En travaillant, soit de dessein ou autrement, une bague qu'elle avait au doigt tomba dans la pâte et s'y mêla ; dès que le gâteau fut cuit, s'affublant de son horrible peau, elle donna le gâteau à l'officier, à qui elle demanda des nouvelles du prince ; mais cet homme ne daigna pas lui répondre, il courut chez le prince et lui remit ce gâteau.

Le prince le prit avidement des mains de cet homme, et le mangea avec une telle vivacité, qu'il pensa s'étrangler par la bague qu'il trouva dans un des morceaux du gâteau ; mais il la retira adroitement de sa bouche, et son ardeur à dévorer ce gâteau se ralentit en examinant cette fine émeraude montée sur un jonc d'or, dont le cercle était si étroit, qu'il jugea ne pouvoir servir qu'au plus joli petit doigt du monde.

Il baisa mille fois cette bague, la mit sous son chevet, et l'en tirait à tout moment quand il croyait n'être vu de personne. Le tourment qu'il se donna pour imaginer comment il pourrait voir celle à qui cette bague pouvait aller, et n'espérant point, s'il demandait Peau d'Ane, qu'on lui accordât de la faire venir ; n'osant non plus dire ce qu'il avait vu par le trou de cette serrure, de crainte qu'on ne se moquât de lui et qu'on ne le traîtât de visionnaire ; toutes ces idées le tourmentant à la fois, la fièvre le reprit fortement ; et les médecins, ne sachant plus que faire, déclarèrent à la reine que le prince était malade d'amour. La reine accourut chez son fils avec le roi qui se désolait : Mon fils, mon cher fils, s'écria le monarque affligé, nomme-nous celle que tu veux, nous jurons que nous te la donnerons, fût-elle la plus vile des esclaves. La reine, en l'embrassant, lui confirma le serment du roi. Le prince, attendri par les larmes et les carresses des auteurs de ses jours : Mon père et ma mère,

leur dit-il, je n'ai point dessein de faire une alliance qui vous déplaise ;
et pour preuve de cette vérité, dit-il, en tirant l'émeraude de dessous
son chevet, c'est que j'épouserai celle à qui cette bague ira, telle qu'elle
soit ; et il n'y a pas d'apparence que celle qui aura ce joli doigt soit une
rustaude ou une paysanne. Le roi et la reine prirent la bague, l'exami-
nèrent curieusement, et jugèrent ainsi que le prince, que cette bague ne
pouvait aller qu'à quelque fille de bonne maison. Alors le roi, ayant em-
brassé son fils en le conjurant de guérir, sortit, fit sonner les tambours,
les fifres et les trompettes par toute la ville, et crier par ses hérauts que
l'on n'avait qu'à venir au palais essayer une bague, et que celle à qui
elle irait juste épouserait l'héritier du trône.

Les princesses arrivèrent d'abord, puis les duchesses, les marquises
et les baronnes ; mais elles eurent beau toutes s'amenuiser les doigts,
aucune ne put mettre la bague. Il fallut en venir aux grisettes, qui, toutes
jolies qu'elles étaient, avaient toutes les doigts trop gros. Le prince qui
se portait mieux faisait lui-même l'essai. Enfin, on en vint aux filles de
chambres ; elles ne réussirent pas davantage. Il n'y avait plus personne
qui n'eût essayé cette bague sans succès, lorsque le prince demanda les
cuisinières, les marmitonnes, les gardeuses de moutons : on amena tout
cela ; mais leurs gros doigts rouges et courts ne purent seulement aller
par-delà l'ongle.

A-t-on fait venir cette Peau d'Ane qui m'a fait un gâteau ces jours der-
niers ? dit le prince. Chacun se prit à rire et lui dit que non, tant elle
était sale et crasseuse. Qu'on l'aille chercher tout à l'heure, dit le roi, il
ne sera pas dit que j'ai excepté quelqu'un. On courut, en riant et en se
moquant, chercher la dindonnière.

L'Infante, qui avait entendu les tambours et les cris des hérauts
d'armes s'était bien douté que sa bague faisait ce tintamarre : elle aimait
le prince, et comme le véritable amour est craintif et n'a point de vanité,
elle était dans la crainte continuelle que quelque dame n'eût le doigt aussi
menu que le sien. Elle eut donc une grande joie quand on vint la chercher

et qu'on heurta à sa porte. Depuis qu'elle avait su qu'on cherchait un doigt propre à mettre sa bague, je ne sais quel espoir l'avait porté à se coiffer plus soigneusement et à mettre son beau corps d'argent, avec le jupon plein de falbalas, de brillantes dentelles, semé d'émeraudes. Sitôt qu'elle entendit qu'on heurtait à la porte et qu'on l'appelait pour aller chez le prince, elle remit promptement sa peau d'âne, ouvrit sa porte, et ces gens en se moquant d'elle, lui dirent que le roi la demandait pour lui faire épouser son fils; puis avec de longs éclats de rire, ils la menèrent chez le prince, qui, lui-même étonné de l'accoutrement de cette fille, n'osa croire que ce fût celle qu'il avait vue si pompeuse et si belle. Triste et confus de s'être si lourdement trompé : Est-ce vous, lui dit-il, qui logez au fond de cette allée obscure, dans la troisième basse-cour de la métairie? Oui, seigneur, répondit-elle. Montrez-moi votre main, dit-il en tremblant et en poussant un profond soupir. Dam! qui fut bien surpris? Ce furent le roi et la reine ainsi que tous les chambellans et les grands de la cour, lorsque de dessous cette peau noire et crasseuse sortit une petite main délicate, blanche et couleur de rose, où la bague s'ajusta sans peine au plus joli petit doigt du monde; et, par un petit mouvement que l'Infante se donna, la peau tomba, elle parut d'une beauté si ravissante, que le prince, tout faible qu'il était, se mit à ses genoux et les serra avec une ardeur qui la fit rougir; mais on ne s'en aperçut presque pas; le roi et la reine vinrent l'embrasser et lui demander si elle voulait bien épouser leur fils. La princesse, confuse de tant de caresses et de l'amour que lui marquait ce beau jeune prince, allait cependant les en remercier, lorsque le plafond s'entrouvit et que la Fée des Lilas, parut dans un beau char fait de branches et de fleurs de son nom, pour conter avec une grâce infinie l'histoire de l'Infante. Le roi et la reine, charmés de voir que Peau d'Ane était une grande princesse, redoublèrent leurs caresses; mais le prince fut encore plus sensible à la vertu de la princesse, et son amour s'accrut par cette connaissance. L'impatience du prince pour épouser la princesse fut telle, qu'à peine donna-t-il le temps de faire les préparatifs convenables pour cet auguste hyménée. Le roi et la reine, qui étaient affolés de leur belle-fille, lui faisaient mille caresses et la tenaient incessamment dans leurs bras ; elle avait déclaré qu'elle ne pouvait épouser le prince sans le consentement du roi son père : aussi fut-il le premier auquel on envoya une invitation, sans lui dire quelle était l'épousée : la Fée des Lilas qui présidait à tout, l'avait exigé à cause des conséquences. Il vint des rois de tous les pays, les uns en chaises à porteurs, d'autres en cabriolets ; les plus éloignés, montés sur des éléphants, sur des tigres, sur des aigles ; mais le plus magnifique et le plus puissant fut le père de l'Infante, qui heureusement ayant oublié son amour déréglé avait épousé une reine veuve, fort belle, dont il n'avait point eu d'enfants. L'Infante courut au-devant de son père qui la reconnut aussitôt. Il l'embrassa avec effusion avant qu'elle eût trouvé l'instant de se jeter à ses genoux. Le roi et la reine lui présentèrent leur fils, qu'il combla d'amitié. Les noces se firent avec toute la pompe imaginable. Les jeunes époux, peu sensibles à ces magnificences, n'étaient occupés que d'eux-mêmes. Le roi père du prince, fit couronner son fils le même jour ; et, lui baisant les mains, le plaça sur son trône malgré la résistance de ce fils bien né. Les fêtes de cet illustre mariage durèrent près de trois mois et l'amour de ces deux époux durerait encore tant ils s'aimaient, s'ils n'étaient pas morts cent ans après.

FIN

www.ingramcontent.com/pod-product-compliance
Lightning Source LLC
LaVergne TN
LVHW022140080426
835511LV00007B/1187